— pode me chamar de Fernando

WESLEY BARBOSA

A minha história não é igual à de muita gente por aí. Sou dessas pessoas que dizem não ter o que contar, mas se eu não contar, alguém contará por mim! Nesse caso, me atrevo a escrever, e assim vou melhorando um pouco o passado, encontrando amigos e lugares por onde andei: pocilgas, pontos de ônibus em que eu dormia sempre com um olho aberto e o outro fechado, porque sonhar era bom demais, mas a necessidade me pedia para estar alerta. De algumas pessoas nem me lembro o nome direito..., aí vão alguns desses personagens insólitos: d. Ângela, seu Josias, José Roberto, Luzia, Júlia e outros que terei o prazer, ou desprazer, de lhes apresentar, se eu for mesmo capaz de escrever esta pequena história.

A verdade é que agora, depois de tanto tempo, posso me sentar e escrever neste computador as palavras que juntam meus pedaços, lá dentro do abismo do pensar. Encontrar-me cara a cara comigo mesmo, sem que o próximo parágrafo se torne apenas um rascunho e vá direto para a lata do lixo. Isso me dá a leve impressão de que estou sonhando: quem iria acreditar se soubesse que minha memória está mais para um labirinto, onde me perco de vez em quando, do que para um armazém de boas lembranças?

As imagens que me vêm à cabeça são as ruas cheias de lixo, as casas de madeira, as crianças andando pra lá e pra cá, cachorros sarnentos, bêbados saindo de bares aos tropeços e alguém gritando "Fernando!". Jamais gostei do meu nome porque não acho que tenha muito a ver comigo, mas, por outro lado, não sei se seria capaz de encontrar um melhor. Fernando não me parece tão ruim assim. Pelo menos ninguém nunca deu risada de mim por isso. É que esse nome é tão comum quanto a minha própria vida. Às vezes, me olho no espelho e digo "Fernando, você é um bosta". A voz rouca do velho que gritava meu nome agora me provoca um pouco de asco e de indiferença...

Vicente dizia que não era meu pai de verdade e me sustentava porque sabia que um dia eu serviria pra alguma coisa. Afinal de contas, ele falava que eu me tornaria um negro forte e daria pra trabalhar duro nas feiras carregando caixas de frutas ou, quem sabe, seria apenas seu empregado. Nunca perguntei o nome de mamãe pra ele. Muito menos quis saber como o velho me encontrou — se é que havia mesmo me encontrado! Mas um dia ele chegou do boteco e jogou essas palavras na minha cara:

— A tua mãe? Você nunca saberá quem foi a tua mãe, Fernando, e sabe por quê, moleque? Porque ela era uma prostituta!

Outras vezes, simplesmente, Vicente, sentado na soleira da porta, acendia um cigarro e desabava a chorar como se alguma lembrança ruim tivesse invadido seus pensamentos. Seu pranto era a tempestade que ele não conseguia controlar dentro de si.

D. Ângela, que o ouviu dizer tamanha barbaridade, me disse:

— Menino, não liga pras besteiras que esse velho ranzinza fala, não, tá bom? Ele quando bebe fica assim mesmo, e eu já conheço o tipo de pessoa que o seu pai é.

— Ele não é meu pai! — eu dizia.

— Vira essa boca pra lá, Fernando. Quem é que lhe disse essa bobagem?

— Ele mesmo.

— Disse porque tava bêbado, mas desde que você era desse tamanho aqui, tá vendo, o velho deve ter feito o que pôde e o que não pôde pra te dar de comer. Nunca mais diga isso!

— Tá bom.

— Agora vá brincar na rua, meu bem, mas não vá muito longe, ouviu?

Eu me lembro de d. Ângela com afeição: os olhos grandes e redondos, as bochechas enormes e o jeito meigo de falar comigo me fizeram ter certo apego a ela. Era como se a mulher soubesse de algo todas as vezes que me via daquele jeito, escapando do velho. Eu começava a sentir, de um modo incipiente, o amor que ela nutria por mim, pois ainda que fosse uma pessoa extremamente ocupada, conversava comigo sempre que lhe sobrava algum tempinho, e esses momentos foram benévolos para meu espírito de criança.

A voz de Vicente voltou a gritar "Fernando!", e hoje eu a ouço tal qual um gongo me despertando desse pequeno devaneio. Agora estou caminhando em direção à porta de casa. Ele está lá em pé. Seu olhar severo me assusta. O cigarro no canto dos lábios é fétido. Sua roupa suja e rasgada lhe confere a aparência de um espantalho. Nada de sorrisos. Nada de afetos. Nada de "Meu filho, venha cá, por favor". Nada de nada! Apenas um ar taciturno. Vicente vivia rabugento, como que brigando consigo o tempo inteiro. Alguém que nunca aprendeu a tratar bem os outros jamais irá sorrir para si mesmo.

Aquele dia, para minha surpresa, o velho disse:

— Preciso que você cuide da casa, moleque. Vou ao açougue comprar peixe pra gente comer.
— Tá bom, pai.
— É bom você estar aqui quando eu chegar, ouviu?
— Sim, senhor.
— Aproveita e arruma aquela bagunça — disse, acendendo outro cigarro, enquanto passava pela porta do barraco caindo aos pedaços.

De fato, ainda hoje fico pensando: como podem continuar a existir casas de madeira, construídas perto de esgotos e ruas sujas, por causa da falta de saneamento básico nas favelas? Digo isso porque meu bairro não é apenas um fenômeno tirado de dentro da minha imaginação. Muito pelo contrário. É só você se lembrar daquele parágrafo mal escrito, jogado na lata do lixo que já comentei. Uma história pisoteada sem um começo e um final feliz. Para muitos desses personagens, que vivem a miséria escrita por um autor demoníaco, a vida jamais será um conto de fadas. Eu não me culpo por narrar essa história, porque antes de escrevê-la, precisei vivenciá-la para entender as lágrimas de seus becos escuros e quase sem esperança, para suportar seus medos, suas frustrações e suas dores da alma...

Dentro de casa, o banheiro cheirava a urina, pois meu pai quase sempre errava o vaso sanitário. As roupas que eu ia colocando no cesto de lixo exalavam o suor dos dias em que ele acordava cedo pra vender peixe no açougue. O chão de terra batida não tinha jeito: abrigava baratas e insetos famintos por migalhas. Em meu íntimo, eu dizia que quando crescesse fugiria daquele lugar pra não suportar mais nada daquilo. De fato, meus pensamentos voavam para longe dali e, ao contrário daquele lugar, onde o vento soprava sempre com violência penetrando a friagem lá de fora no meu corpo magro, e a chuva de vez em quando ameaçava inundar o pequeno cubículo da gente, meus sonhos se resumiam a uma vida na qual eu iria para a escola e era cuidado pela mãe que nunca tive.

Estranho pensar assim, tentando, naquela época, me agarrar a esses sonhos que para algumas pessoas —

o carinho materno, a comida na mesa, cama boa, chuveiro com água quente e roupa lavada — não devem ser nada de tão especial assim. Mais estranho ainda é dizer que fui abandonado por uma mulher quando, na maioria das vezes, é sempre o pai que abandona os filhos. Deve ser por isso que d. Ângela, sentada no trono da inocência, acreditava que Vicente era boa gente e nutria por mim, lá no fundo do seu coração, um carinho de pai. Eu, desde criança, aprendi a ser desconfiado. Embora a minha desconfiança não fosse necessariamente de quem conhecesse os homens, andava sempre com a pulga atrás da orelha.

Continuei a arrumação da casa, temendo que o velho chegasse irritado. Entretanto, para minha sorte, ou para meu azar, já que começava a sentir fome, ele ficou toda a tarde, até o anoitecer, em algum boteco de esquina. Sentei-me no chão do lado de fora da casa e fiquei olhando para as estrelas, admirando-as com ar sonhador. Lá longe, mamãe olhava por mim? Deus seria mesmo o carrasco da vida das pessoas que nasciam e morriam nas favelas? Por que a minha existência e a do cachorro sarnento da rua não me pareciam ser muito diferentes assim? Tais perguntas martelavam meus pensamentos como se fossem pregos mantendo um quadro de dúvidas, pendurado dentro da parede carcomida de minha cabeça.

Vendo-me parado daquele jeito, com a cara do abandono, d. Ângela gritou bem-humorada:

— Fernando! — Ela veio se aproximando — Fernandinho, o que é que você está fazendo aí, sozinho? Cadê teu pai, menino?
— Não sei, não. Saiu de dia e até agora não voltou.
— Pela sua cara, você deve estar com fome, não é?
— Tô não, senhora. — Menti, balançando a cabeça.
— Moleque! — repreendeu-me ela. — Onde foi que você aprendeu a mentir desse jeito? Teu pai te ensinou isso, foi?

Continuei calado, como se não estivesse dando muita atenção para o que ela dizia. Sinceramente, a fome começava a me picar por dentro e somente agora, ouvindo-a falar de arroz, feijão e carne, é que eu percebi isso. Não sei como aguentei passar por aquele tipo de necessidade, mas posso dizer que a fome começa te encolhendo — te encolhendo como se você fosse um verme e já não pudesse pensar em mais nada. No começo, você imagina tudo aquilo que sente ou já sentiu vontade de empurrar pra dentro da barriga. Eu imaginava bife, arroz, feijão quentinho, salada, batata frita, bolinho de chuva, suco de laranja e, para sobremesa, um pedaço grande de bolo recheado de chocolate.

— Vem logo, Fernando! — falou a mulher, me puxando pelos braços.

— Mas meu pai...

— Deixa teu pai pra lá, menino. Ou você quer ficar aí com essa cara de cachorro magro?

Dentro de sua casa, d. Ângela continuou a me olhar com os olhos grandes e redondos. Enquanto isso, eu mastigava, sentado à mesa, o arroz, o feijão e o ovo, que estavam deliciosos. Olhei rapidamente em volta: os dois cômodos eram bem ajeitados, com uma cortina separando o quarto em que a bondosa senhora dormia. Havia uma geladeira, um fogão, o armarinho e uma televisão em que ela devia assistir às suas novelas.

Depois, para minha alegria, a vizinha trouxe um pote cheio de bolinhos de chuva.

— Aqui, meu filho, isso é pra você tomar o seu café da manhã.

— Obrigado, dona...

— Não precisa me chamar de dona, não, meu filho.

— A senhora tem marido?

— Por que a pergunta? Quer casar comigo? — brincou ela suspirando.

— Não, senhora! — gaguejei envergonhado.

— Estou brincando com você, Fernandinho. Eu tenho idade pra ser sua avó, entendeu?

— Entendi sim, senhora.

— Mas também não gosto que me chamem de senhora.

— Tá bom, desculpa.

Então ela deu de ombros, mostrando-se desarmada, devido à pergunta que eu tinha feito. Com sinceridade, ainda hoje não sei por que eu lhe perguntei aquele tipo de coisa. Talvez por ela sempre me tratar bem, e eu, que nunca lhe dirigia sequer uma palavra de carinho, inconscientemente desejei saber sua história, compartilhar vivências... Mas que vivências tem um menino de apenas doze anos?

— Meu marido morreu, menino — ela começou a falar —, morreu muito antes de você nascer...

Agora posso compreender o quanto aquela pergunta soou como um golpe em seu semblante rechonchudo: os olhos continuaram brilhantes, porém haviam perdido a alegria por um breve espaço de tempo, como se alguém tivesse arrancado uma ferida que desde muito tempo não cicatrizava e fosse algo que ela tentava, a todo custo, esconder.

— Meu João morreu. — repetiu ela com emoção verdadeira. — A gente não teve nenhum filho. Depois dele fiquei assim, que nem você deve se sentir no mundo: sozinha e triste.

— A senhora ficou triste, d. Ângela?

— A tristeza da gente nunca vai embora, não é mesmo? Mas a gente tem sempre que dar um jeito de desenterrar a alegria daqui de dentro.

— Desculpa pela pergunta.

— Não precisa pedir desculpas.

— Eu entendo a senhora...

— Entende? — perguntou ela espantada com meu jeito espontâneo de dizer aquilo. — Eu sei que você entende, menino. Agora vá pra sua casa que seu pai vem vindo ali...

Se o velho Vicente estivesse guardando as mágoas que levara para a rua com a intenção de descarregá-las em cima de mim quando chegasse à nossa casa, porque afogá-las na bebida talvez não bastasse, ao menos eu estava me sentindo capaz de suportar a sua fúria e a força de seus socos. A vizinha ficou com a luz acesa observando-nos. Ela não deixaria que ele me fizesse nenhum mal aquela noite. A pobre mulher devia estar se afeiçoando a mim, como se eu fosse o filho que ela não teve.

— Boa noite, seu Vicente! — gritou com firmeza. — Tudo bem por aí?
— Boa noite — grunhiu papai, antes de entrar no barraco.
— Tudo bem por aí, seu Vicente? — d. Ângela tornou a gritar.
— Boa noite — respondeu meu pai, dessa vez de modo mais audível e, como que para si mesmo, resmungou:
— O que é que essa velha fofoqueira quer comigo?!

Antes que o sabor da comida de d. Ângela tivesse desaparecido completamente de minha boca e eu pudesse ter tempo de olhar para o velho, esperei ouvir sair de seus lábios palavras de xingamentos, tais como: "peste", "endemoniado", "capeta", "desgraçado" e o que mais se pudesse imaginar. Talvez estivesse muito cansado para isso. Depositou uma sacola em cima da pia improvisada de lavar louças e foi dormir. Senti o cheiro de cigarro e de cachaça no ar misturando-se ao odor emanando da sacola.

Dentro do quartinho, separado por uma cortina preta, cheia de remendos, Vicente disse:

— Pode comer, Fernando, é todo seu.
— Obrigado, pai — agradeci, vasculhando a sacola, onde encontrei um peixe cru envolvido em papel-jornal.

Com uma das mãos em meu nariz, coloquei a tilápia dentro da geladeira, pensando em como eram raras as vezes em que o velhote me dirigia a palavra de modo menos abrupto. E se meu pai estivesse mudando de verdade, pensava eu, e se ele não fosse tão mau assim? Quem sabe o velho taciturno repensara a vida, mas eu não conseguia vê-lo de outra maneira, a não ser daquele jeito, malcheiroso e carrancudo, como todo homem rude deve ser.

À noite eu despertava por causa de seus roncos, que mais se pareciam com o barulho inútil de um trator enguiçado. Virando-se pra lá e pra cá, ele gemia palavras estranhas. Era como se estivesse tendo um pesadelo; depois se levantava a fim de fumar enquanto olhava para a madrugada através da janelinha do barraco. Algum tempo depois, voltava a dormir. Levantava-se novamente às cinco da manhã, fazendo barulho e gritando palavrões. Então saía com o passo pesado e arrastado rua afora.

Lembro-me muito bem de Vicente naquela madrugada me chacoalhando, a todo o momento tentando estrangular o grito que queria sair de sua garganta, como se estivesse dizendo:

"Acorda! Acorda logo ou a gente tá fodido!"

Depois me deu um tapa, como se eu estivesse desmaiado:

— Levanta, moleque! — O que aconteceu, pai?

— Pai uma ova!

— O que eu fiz?

— Acorda logo!

— Tá bom, pai.

— E para de me chamar de pai!

— Tá bom, Vicente.

— Se continuar parecendo uma menina mimada, te coloco na rua, igual fiz com a vagabunda da tua mãe, entendeu?

— Entendi, sim, senhor.

— É bom mesmo, moleque!

Naquela época eu não compreendia bem as coisas à minha volta, como por que a gente ficava se mudando de casa em casa. Também não entendia o motivo de o velho chamar minha mãe de mulher da vida, dirigindo-se a mim assim, sempre com rispidez. Hoje me pergunto por que Vicente sempre agia dessa forma com uma criança. Por mais que eu quisesse, não pude encontrar resposta, nem mesmo agora, depois de tantos anos refletindo sobre o lado sombrio de meu pai.

— A gente vai se mudar de casa — continuou ele,

como se estivesse fugindo de alguém. — Arruma tuas coisas, já!

— Pra onde é que a gente tá indo, pai?

— Já falei pra não me chamar assim. Quer apanhar, demônio?

— Não, senhor...

— Então faz logo o que te mandei fazer, porra!

Se eu pudesse desamassar os rascunhos jogados na lata do lixo, se eu pudesse reescrever a história das coisas que vejo à minha frente, cada palavra teria um sabor menos amargo, porque não sei se irei conseguir chegar até o fim sem antes jogar um pouco de água em meu semblante a fim de, somente então, continuar a escrever tudo – de como era antes de nos mudarmos para aquele barraco, ao lado da casa de d. Ângela.

— Seu Vicente — disse a proprietária da outra casa em que moramos —, já vai fazer dois meses e quinze dias que o senhor não me paga o dinheiro do aluguel.

— Eu já falei pra senhora, d. Soraia, que só estou esperando meu patrão acertar meus salários atrasados.

— Desse jeito não vai dar pro senhor continuar morando aqui, infelizmente.
— Minha senhora...
— Espera lá! — falou a mulher como que ameaçando meu pai.
— O que foi que eu disse de errado, d. Soraia?
— Em primeiro lugar, não sou sua senhora; em segundo...
— Amanhã de manhã eu vou pagar tudo o que lhe devo.

A mulher olhou meu pai de cima a baixo, como que o inspecionando, ainda com desconfiança. Ela se retirou, deixando um ar de reprimenda. Eu me lembro bem de um grande portão marrom enferrujado, das casas de blocos bem ajeitadas e dos bangalôs por construir. Barulho de martelo todos os dias. Ali, alguém sempre estava dando um jeito de conseguir um lugar para si, e ninguém queria dormir ao relento. D. Soraia era proprietária de algumas dessas casas. Por isso, de vez em quando, se dirigia à janela de sua residência — uma propriedade de dois andares pintada de amarelo — para olhar seus imóveis.

Os inquilinos não suportavam vê-la, principalmente as mulheres fuxiqueiras, que comentavam:

— De onde é que vem tanto dinheiro, a gente nunca vai saber.
— Diz que no passado a espertalhona era mulher da vida.
— Disso eu não duvido mesmo.
— Agora ela fica lá, todo dia, olhando pra quem entra e pra quem sai do quintal.

O espaço era dividido entre as roupas, de cada morador, estendidas em varais improvisados. Eu gostava de ficar observando o vento balançando as calças e as camisetas dos vizinhos. Vicente pagava pra uma mulher lavar nossas roupas. Eu não andava todo sujo. Apenas havia furos em minhas cuecas, mas quem iria reparar nisso? Eu mesmo não me importava. O problema é que, após nos mudarmos dali, tive que aprender a fazer esse tipo de serviço, tendo que lavar não somente as minhas, mas, também, as vestimentas sujas do velho! Por outro lado, não posso me queixar dos meses em que fomos inquilinos de d. Soraia. Pelo menos as minhas recordações dessa época são mais brandas do que as dos anos seguintes.

Antes de fugirmos dali, meu pai trabalhava regularmente em um açougue por aquelas redondezas, e me deixava em casa aos cuidados da solidão.

— Homem precisa aprender a ser forte — dizia-me ele.
— Não vá pra rua, ouviu, Fernando?

Eu balançava a cabeça:

— Sim, senhor.
— Também não é pra ficar de conversa fiada com a filha da d. Soraia, tá me entendendo?
— Sim, senhor.
— Quando eu chegar, é pra esta casa estar do jeito que eu deixei, ouviu?

Às vezes eu podia ver Júlia na janela de seu quarto lendo ou, quando a mãe não estava em casa, ela ficava no quintal tentando se enturmar com as outras crianças. Assim como meu pai ordenava, também não era permitido aos filhos dos vizinhos brincar ou se aproximar da menina. Logo para ela, que vivia com os olhos afundados naquelas páginas, imaginando histórias, talvez não fosse tão fácil assim conseguir amigos de sua idade. Eu, que não saía de dentro de casa a não ser para tomar sol, muito menos sabia me envolver. Não ia pra escola, não havia aprendido a ler e a escrever. Achei curioso: a menina estava se divertindo — pelo menos sua aparência demonstrava isso — enquanto segurava o livro e o folheava ao sabor das palavras.

Um dia ela tomou coragem e se aproximou da mureta onde eu estava sentado. Falei, quase gaguejando:

— Oi.
— Oi.
— Meu nome é Fernando, e o seu?
— Júlia.
— O que você está fazendo aí?
— Estou lendo.
— Lendo?
— É. Você não sabe ler, não?
— Eu não sei ler ainda.
— Quantos anos você tem?
— Oito, e você?
— Eu tenho onze, mas aprendi a ler com sete anos.
— Me deixa ver?

Júlia estendeu o livro de capa dura, e eu achei engraçado o modo como ela ficou me olhando, parecendo que aquilo era a coisa mais preciosa do mundo.

— *As aventuras de Tom Sawyer* — ela disse.
— Você já está acabando!
— Quer que eu te ensine a ler?
— Não sei se posso.
— Por que não, Fernando?
— Meu pai não vai deixar.
— A minha mãe também não me deixaria ficar aqui conversando com você!

Eu nunca havia estado com uma criança que se revelasse tão inteligente assim, mas a verdade é que d. Soraia, mãe de Júlia, era professora e fazia questão de ter uma biblioteca em casa. Vai ver esse era um dos motivos pelos quais seus inquilinos a achavam soberba e de nariz empinado e, por isso, difamavam a mulher.

— Minha mãe não é má — defendeu-a Júlia. — O problema é que ela não...
— Ela não o quê?

— Ela não se dá bem com todo mundo.
— Meu pai também não...
— Coisas de adultos.

Dali a pouco a menina estava me contando sobre Tom, do livro que ela estava lendo, de como ele era esperto e se saía bem em muitas situações da história. Falou-me muito da vez em que o herói de Mark Twain gravou certa passagem da *Bíblia* e enganou a todos. Também sobre as crendices da época do livro, que, me explicava Júlia, era bastante engraçado e, se me permitem o trocadilho, com um tom empolgante de aventura e de mistério, difícil de não se envolver.

— Você tem medo? — perguntou Júlia com uma pontinha de deboche.
— Medo de ler este livro?
— Mas você nem sabe ler.
— Medo do quê então, menina?
— De aprender a ler, menino!
— Não tenho medo, eu sou homem.
— Então pode ser amanhã?
— Amanhã o quê?

— A sua primeira aula de leitura, ué!

Hesitei por um instante, me lembrando do velho Vicente. Entretanto, quem iria saber? Combinamos de, no dia seguinte, eu encontrá-la naquele mesmo local.

— Vou trazer lápis e caneta, tá bom?
— Tá bom.
— Depois você vai poder ler o livro que quiser.
— Eu não tenho dinheiro pra comprar livros.
— Seu pai pode comprar pra você.
— A gente não tem dinheiro pra comprar essas coisas.
— Não se preocupa com isso agora. Eu tenho um monte deles na minha casa, seu bobo!

Júlia era paciente como uma flor que demora a exalar seu perfume na primavera. Não sei por que escrevi essa frase sentimental demais. Eu pretendia iniciar esse momento da história assim: a paciência da menina era a mesma que a de uma flor se abrindo na manhã primaveril! Isso quer dizer que, sempre que a ouvia me ensinando o abecedário, eu sentia algo estranho, como se o meu coração batesse mais rápido na sua presença, e o tempo fosse tão veloz quanto o vento.

— Fernando? — ela dizia.

— O quê?

— Você precisa prestar mais atenção e anotar tudo, entendeu?

— Entendi.

— Tem um caderno, aí?

— Não tenho.

— Fica com este.

— Não posso.

— Não pode por quê?

— Meu pai...

— Ele vai gostar de saber que você aprendeu a escrever.

— É pra mim mesmo?

— Claro que é, seu bobão.

— Obrigado.

— Não precisa me agradecer — Júlia disse sorrindo. — Só espero que você aprenda a ler.

Após algumas aulas, eu já conseguia ler, mas era insuportável a ideia de não ver mais a minha amiga. Por isso, fingi durante um tempo não ter aprendido a juntar essa ou aquela frase. Tal atitude me deixava envergonhado, pois eu notava o tanto de risco e de esforço que a menina estava tendo que fazer para me alfabetizar. Ela não entendia o fato de eu ainda escrever bomba com a letra "n". Fazia careta se me visse acentuando errado as palavras como, por exemplo, "avô" sem o acento circunflexo.

Hoje em dia eu sempre digo que ler é melhor do que escrever. Não pelo prazer em si, porque escrever é tão prazeroso quanto uma tarde de ócio e de leitura com o vento virando as páginas de um livro na iluminação de um dia qualquer. Escrever tem um quê de sofrimento, a gente nunca sabe se aquilo será concluído, ou se estamos no caminho certo. A leitura permite você ter certeza de que está no caminho: eu volto sempre a ler a linha anterior de Rimbaud, o último parágrafo de um autor meio hermético, enquanto na escrita tem sempre aquilo de a gente ficar na dúvida. "Será que essa frase está pomposa demais? Porque estou mentindo pra mim mesmo? Isso que escrevi é sincero até onde? Sou um escritor ou um acumulador de palavras que nunca servirão pra nada?" Ler é ser amigo de pássaros imaginários que nunca estão presos em gaiolas, e para escrever é preciso ter asas nos olhos. A imaginação é o combustível do sonhador, e estes mergulhos de passarinhos jamais cessam de existir.

Voltando-se para mim, exigindo a correção, o olhar de Júlia parecia me chamar de burro. Entretanto, como eu já disse, a menina era a pessoa mais paciente do mundo.

Ela falava:

— Eu também não aprendi assim de primeira, mas me esforcei e, quando me dei conta, estava lendo até bula de remédio.
— Que chatice!
— Ler livros?
— Ler bula de remédio.
— É que quando se aprende a ler, as palavras são como chaves que abrem portais para outros mundos dentro da gente.

A declaração de minha jovem professora havia despertado algo em mim e talvez seja por isso que, sempre quando estou escrevendo uma história, defendo o direito de a pessoa ler livros e ressalto como esse objeto da antiguidade leva-nos para mundos melhores do que a própria realidade, mas escutem bem isso que vou lhes dizer: ainda não me sinto um escritor e certamente preciso amadurecer a minha escrita.

Aquela tarde, Júlia me presenteou com o livro de Mark Twain, e a felicidade não coube dentro de mim quando, finalmente, encontrei-me a sós com todos aqueles personagens. Apenas consegui escapar das palavras do autor ao perceber Vicente abrindo a porta. Ouvindo-lhe os passos, tratei de esconder o livro embaixo da cama. Meu pai parecia mais estranho do que o normal. Acendeu um cigarro chamando por mim.

— O que é que você fez o dia todo, moleque? — ele perguntou me encarando.

— Não fiz nada, papai.

— Papai?

— Nada, Vicente!

— Já se vê que você não fez nada aqui dentro desta casa. Ficou vadiando por aí, pela rua?

— Não, senhor.

— Então por que esse chão tá todo sujo, hein, moleque?

O velho continuava a usar uma roupa meio suja, meio catinguenta, e, por isso, ele continuava com a aparência de um espantalho. Mas aquele ano, ele não me parecia tão acabado assim. Por outro lado, era perceptível o quanto o álcool vinha deixando seu rosto meio inchado. Além disso, seus olhos começavam a ganhar um ar enlouquecido, de quem já não via mais tanta graça na sanidade.

Ele disse, com voz esganiçada:

— Você sabe o quanto eu me mato de trabalhar?

— Não, senhor.

— Sabe o que eu tenho que aguentar por sua causa?

— Não sei, não, senhor.

— E você não presta nem pra varrer esse chão, hein?!

— Desculpa, Vicente.

— Você só sabe me pedir desculpas?

Suas palavras, cada uma delas, ganhavam vida na minha imaginação. Eram como corvos grasnando em torno do espantalho que eu via nele, pois aquilo de o velhote não me deixar chamá-lo de pai foi me tornando uma criança meio triste e amargurada. Aos poucos, a realidade de que eu era um fardo em sua vida pesava como grossas correntes amarradas às pernas de um condenado. A verdade é que eu vivia mesmo me imaginando nos tempos da guilhotina, e o velho era o meu carrasco.

— Hoje não tem comida pra você, Fernando — ele disse mastigando um pedaço de frango que trouxe da rua. — Vai ter que aprender a valorizar tudo o que entra nesta casa, tá entendido?

Balancei a cabeça afirmativamente, como um autômato, e fui direto para meu quarto. Ao contrário do barraco em que tínhamos morado, a casa que o velho alugava de d. Soraia era aquecida por causa das paredes de blocos. Até havia um chuveiro com jato de água quentinha. Deitado em cima da cama eu esperava o velho ir dormir para continuar a ler sobre as peripécias de Tom Sawyer. Parecia-me difícil deixar o livro de lado, mas a grande dificuldade mesmo era não poder compartilhar a história com Júlia nas tardes em que nos víamos por medo de ela acabar com nossos encontros.

Quando meu pai saiu de casa, alguém colocou um bilhetinho embaixo da porta, e eu achei aquilo muito estranho. A letra de Júlia era redonda e bonita, como os ornamentos de um azulejo, mas a mensagem que o bilhete trazia não foi do meu agrado. Primeiro por causa da concisão; segundo, porque ela havia escrito de modo seco as seguintes palavras:

"Mamãe acabou de sair de casa, e eu vi aqui da minha janela que o sr. Salomão também saiu pelo portão da entrada do quintal, mas hoje não poderei descer pra nossa aula. Júlia."

Fiquei durante todo o dia tentando entender o que realmente poderia ter acontecido. De vez em quando olhava para a janela da menina, mas ela não apareceu no desvão segurando nenhum livro. A tarde se arrastou, e eu tratei de arrumar a casa. Varrendo o chão, lavando a louça, limpando o banheiro e guardando a roupa suja dentro do cesto, deixei o lugar limpo e os móveis lustrosos como um brinco.

À noite Vicente olhou tudo em volta e disse:

— É assim que se faz, Fernando. Amanhã, vê se não se esquece de levar a roupa suja pra vizinha, entendeu?
— Entendi sim, senhor.

No dia seguinte, juntei toda roupa suja, dando um jeito de separar o que era meu do que era dele e bati na porta da vizinha com um saco enorme de trapos. A mulher mal-encarada olhou em meu rosto e foi pegando a sacola, que mais se parecia um saco de lixo, e me devolveu aquilo com certo desdém. Ela devia ser a mãe da menina que ficava espiando a mim e à Júlia durante as tardes.

— Fala pro teu pai pagar adiantado da próxima vez — murmurou a mulher, e eu pude perceber que ela possuía uma expressão meio cadavérica.

— Vou avisar sim, senhora.

— Venha buscar a roupa amanhã à tarde, que elas já vão estar secas.

Saindo meio encabulado, agradeci à vizinha, que bateu a porta na minha cara. Indo em direção à mureta onde eu costumava ficar, olhei para a janela da casa de d. Soraia e novamente senti falta de Júlia. A verdade é que os meninos são sempre mais ansiosos do que as meninas em se tratando de sentimentos; nessa idade, não compreendemos o que está acontecendo. Não é fácil admitir quando o coração começa a ser o pivô de nossa vida. Então crescemos e, com o passar do tempo, continuamos a não entender nada disso.

Mas quero que saibam: esta não é uma história de amor, o que talvez fosse ainda mais difícil escrever. Porém não posso, não devo, de jeito algum, falar dos outros personagens, sem antes lhes contar um pouco mais sobre minha relação com Júlia.

No momento em que abri a porta de casa, olhei algo no chão e me deparei, para meu espanto, com outro bilhete da menina:

"Fernando, boa tarde, espero que a gente possa se ver amanhã no quintal para continuarmos nossa aula. Também tenho um livro novo para te emprestar. Um beijo da Júlia."

A espera de mais um dia seria como a eternidade, e as horas tornavam-se entediantes, como deve ser a marcha do tempo para um prisioneiro. Sentia-me em uma prisão, porque Vicente jamais me deixou correr pelas ruas ou ir pra escola. Eu conhecia apenas os caminhos que me levavam até os bares pra pegar os cigarros do velho.

— Levou a roupa na casa da vizinha como eu mandei? — ele perguntou ao chegar à noite.

— Levei sim, senhor.

— Da próxima vez leve menos roupa sua, ouviu?

— Ouvi sim, senhor.

Vendo-o ir em direção ao banheiro, falei:

— A vizinha disse que da próxima vez é pro senhor pagar adiantado.

— Moleque! — gritou ele. — Você sabe quanto custa pra lavar cada peça de roupa sua?

— Não sei, não, senhor.

— A partir de hoje você vai lavar as suas próprias roupas.

— Sim, senhor.

— É bom que aprenda a lavar direitinho, ouviu?

Todas as vezes meu pai comprava algum tipo de alimento pouco substancioso para a janta: pão com mortadela, coxinha, bolo, frios e toda sorte de besteiras que se pode imaginar. Isso seria um prato cheio pra qualquer criança, mas, por causa desse hábito desleixado, eu estava emagrecendo cada vez mais, e meus ossos demoraram a se desenvolver da forma correta. Deve ser por isso, pela minha magreza, que d. Ângela gostava de me empanturrar com arroz, feijão e carne...

Júlia estava sentada na mureta, com um vestido branco e florido. Seu cabelo cheio, lindo e deslumbrante, combinava com a beleza de um céu sem nuvens. Olhei à minha volta, percebendo que o quintal abrigava a mesma calmaria de sempre. Eu segurava o caderno que a menina me dera, mas não havia escrito coisa alguma em suas folhas.

— Oi.
— Oi.
— Tudo bem, Fernando?
— Tudo sim, e você, Júlia? Aconteceu alguma coisa?
— Não aconteceu nada comigo.

Pelo tom de sua voz, minha jovem professora devia guardar algum tipo de mágoa, pois não sabia muito bem usar dos artifícios da mentira. Júlia me olhava pelo canto dos olhos, como se quisesse cuspir em minha cara, justamente por eu ter cometido alguma falta que ainda não era do meu conhecimento. Ela disse, me acusando:

— Você é um mentiroso, Fernando!
— Eu, mentiroso?

— Você mesmo!

— E o que é que eu fiz pra você?

— Eu fiquei te espiando aquele dia, você sabia?

— Não estou entendendo.

— Você não vai à aula já faz dois dias.

Uma das coisas que aprendi desde cedo foi jamais subestimar a inteligência das mulheres, pois, por mais que você queira enganá-las, uma hora será pego na mentira, e isso poderá custar um longo tempo de explicações, mesmo que a falcatrua seja inocente, por uma boa causa, até mesmo pela amizade, ou pior ainda, por amor.

— Você disse que não sabia ler — ela disse me surpreendendo —, mas leu direitinho meus dois bilhetes, não foi?

— Eu não queria...

— Não queria o quê, hein, Fernando?

Sim! Júlia desconfiou que eu já havia aprendido a ler porque no dia em que me deu o livro de presente, ela explicava, eu fiquei parado em um parágrafo da história de Twain, como se estivesse juntando as palavras e criando imagens dentro da minha cabeça.

Naquela hora, teve a ideia de me escrever os bilhetes e colocá-los embaixo, ao pé da porta de casa.

— Eu não entendo por que você disse que ainda não sabia ler? — ela falou.
— Não tenho muitos amigos.
— Achou que a gente não iria se ver mais?

Balancei a cabeça afirmativamente.

— Eu não disse?
— Disse o quê?
— Que você é um bobão?

Conversamos sobre *As aventuras de Tom Sawyer*, e eu falei de como havia gostado da história sem perceber que estava lendo um livro, mas lamentei a página final, prometendo dali a alguns anos ler aquela obra novamente. Então Júlia voltou a sorrir pra mim. Suspirou olhando para o céu. Depois, era como se estivesse captando a brisa do começo da tarde tocando-lhe o cabelo. Eu percebia o brilho de seu olhar, a paixão pelos livros e por saber aquele tipo de coisa, sua alegria aumentara ao identificar que eu também começava a me interessar pela magia da poesia.

Talvez possa parecer irreal a inteligência de Júlia, pois quem é que mandaria um bilhetinho por debaixo da soleira de uma porta, se há e-mail, Facebook, messenger, whatsApp e todas as redes sociais que o celular pode oferecer? Naquela época nem todo mundo poderia ter computador ou um telefone cheio de aplicativos!

A mãe de Júlia podia dar um aparelho desses para ela, mas certamente d. Soraia preferia incentivá-la a ler livros.

No momento em que escrevo esta passagem da história, estou me questionando como seria a vida se não tivesse conhecido minha jovem professora.

— Mamãe vive recitando poesia pra mim — ela disse.

— Você gosta?

— Eu gosto, mas acho triste.

— Triste por quê?

— Porque ela recita sempre de um jeito que me faz lembrar meu pai.

— ...

— Ele faleceu ano passado! — completou a menina meio desanimada.

Os olhos dela ficaram cheios de lágrimas, mas de alguma forma Júlia manteve a pose e não revelou completamente o quanto aquela lembrança a afetava. Pelo menos, pensava eu aquele dia, ela pôde conhecer o pai, sua mãe lhe dava tudo do bom e do melhor, não gritava com ela por qualquer coisa, deixava-a ir à escola, tinha uma biblioteca cheia de livros em casa, enquanto a ausência de mãe era um buraco em minha vida.

— Cadê a sua mãe? — Júlia quis saber.

— Eu não tenho mãe. Só tenho pai.

— Ninguém brota da terra, Fernando.

— Ele nunca me falou o nome dela.

— Você já perguntou?

— Nunca!

— Vai ver ela...

— Ela o quê?

— Tenha morrido, que nem o meu pai, ué.

— Você se parece com ele?

— Pareço! Minha mãe vive dizendo que eu sou a cópia do meu pai.

Então falei, meio reflexivo:

— Eu não sei se é pior conhecer alguém que a gente ama e depois perder, ou jamais ter conhecido e, ainda assim, sempre ter amado.

Júlia olhou para o lado e eu a imitei, notando que a filha da vizinha mostrava a língua pra gente.

— Preciso ir! — eu disse.
— Mas já?
— Esqueci de pegar a roupa na lavadeira.
— Toma aqui este livro.
— Obrigado, depois eu te devolvo.
— É um presente.
— Obrigado.
— Mas cuida bem dele, ouviu?

Além da mureta onde estávamos, havia uma aroeira ao lado da casa de Júlia, e àquela tarde, o vento brincava com as folhas da frondosa árvore, varrendo para um e outro lado a sujeira do quintal. Dessa vez havia muitas nuvens, e os pássaros mergulhavam nos ares, enquanto o barulho do caminhão do gás tocava a famosa música de Beethoven, as pipas dançavam presas nas linhas, exibindo suas enormes rabiolas coloridas. Meus olhos encontraram os da lavadeira, que me esperava na porta de sua casa. Ao seu lado, a menina que havia me mostrado a língua sorria, como se soubesse algo a meu respeito, mas era tão nova que mal devia saber falar.

— Filho do seu Vicente?
— Eu vim aqui ontem, lembra?
— Eu me lembro de você.
— Vim pegar as roupas.

Quando a mulher se dirigiu para dentro de casa, a filha continuou a me olhar colocando sua linguinha pra fora. Ela sorria e fazia careta, querendo me provocar. A lavadeira se aproximou segurando um trambolho de roupas. Abri o saco preto de lixo, onde ela deixou o monte de farrapos cair.

Ela repreendeu sua filha:

— Eu já falei pra você parar de mostrar a língua pros outros, não falei?
— Não tem problema.

— E você — disse a mulher meio rabugenta —, vê se chega mais cedo da próxima vez.

— A senhora disse "à tarde".

— Você não viu que já tá escurecendo, e eu tenho um monte de coisa pra fazer?

— Desculpa, senhora.

— Tá bom, menino. Agora chispa da minha frente!

Puxou a criança para junto de si e novamente bateu a porta na minha cara, como se eu não estivesse ali. Minutos depois, senti um pingo grosso de chuva cair em cima de meu braço. Corri pra dentro de casa. Sorte a minha a lavadeira morar no mesmo quintal. Lembro-me que as casas estavam perto umas das outras, mas havia uma distância considerável ali, também da aroeira, próxima à residência de d. Soraia, do varal onde as roupas eram estendidas e da mureta em que eu gostava de ficar à tarde com Júlia.

A chuva caiu vigorosamente aquela noite e, desse modo, batendo nas calhas, espalhou o cheiro de cachorro molhado. O vento soprando forte, por entre o vão da janela, me fazia sentir o ar indesejado do inverno, parecendo Akaki Akakiévitch sem o seu capote. Minha roupa se resumia a uma blusa com pequenos furos embaixo do sovaco, uma calça de lã e uma luva velha que eu peguei de meu velho sem a permissão dele.

Se estivéssemos atravessando uma ponte, prestes a cair, eu nadaria até a superfície, pois as lágrimas, que formavam um rio maior dentro de mim e que me faziam ter medo de me afogar, já não me assustavam mais: eu havia me tornado o mar, aprendi a enfrentar as minhas tempestades.

Não quero fugir da história, tampouco deixá-la truncada. A quem estiver me lendo neste momento, preciso dizer que comecei esta passagem da história falando do inverno porque, da sala de onde escrevo, tive que me levantar pra fechar a janela e impedir que a ventania invadisse meu local de trabalho. Portanto, soprando as mãos em concha, recordo o frio no meio daquele ano e, por causa dele, Vicente começou a ingerir uma quantidade ainda maior de bebida.

Certa hora da noite, ele chegou dizendo:

— Fernando!

— Tô aqui, pai — disse eu surpreso.

— Fernando, cadê você, meu filho?

— Tô aqui. O senhor não tá me vendo?

O desgraçado começou a rir, e posso dizer que aquela foi a primeira vez que o maldito espantalho tomou forma, com seus dentes amarelados e o cabelo parecendo um monte de palha, ele veio pra cima de mim. Deu-me um safanão, depois um tabefe. Deixou-me com tontura, sempre repetindo meu nome. Vicente parecia ter enlouquecido de vez.

Corri para fechar a porta de meu quarto e lá fiquei.

No dia seguinte, Júlia perguntou:

— O que foram aqueles barulhos ontem à noite?

— Meu pai...

— Ele te bateu?

— Estava bêbado.

— Mas te bateu?

— Bebeu mais do que devia.

Eu não podia dizer para a menina que o velho era um canalha: o vergão embaixo dos olhos denunciava o que eu pretendia omitir. Afinal, a gente havia se apegado como dois bons amigos. Além disso, eu continuava a me portar igual a um abobalhado perto dela, mas aquela vez Júlia se aproximou e encostou seus lábios nos meus, me deixando tal qual um palerma. Ela riu da minha cara com ar exultante. Preciso repetir que essa não é uma história de amor, mas quando a menina se afastou, suas palavras foram como um soco bem dado em meu rosto.

— A gente não vai mais se encontrar — ela disse.
— O que aconteceu, Júlia. Sua mãe soube de algo?
— Não é isso, Fernando. Ela não sabe da gente.
— Então o que aconteceu?
— Mamãe me mandou para o interior.
— Quando?
— Eu também não sabia. Desculpa...

Desnecessário dizer, mas aquela noite foi um misto de alegria e decepção. Até hoje não sei bem o que aconteceu: se as tardes em que havíamos passado juntos não passaram de um sonho, ou se eu apenas tinha voltado pra o mesmo pesadelo de sempre, com Vicente me olhando torto, de cima a baixo, tal qual o coisa-ruim, pronto para me estender a flor murcha e despetalada do desespero.

Agora voltemos ao momento em que o velho me despertou no meio da noite, dizendo para eu arrumar as minhas coisas.

Voltemos a imaginar a cena de um menino de oito anos, tendo que fugir no frio da madrugada, porque o pai já não tinha dinheiro para pagar o aluguel!

Em um espaço curto de tempo, eu vivi um duplo infortúnio, porém ainda me lembro dos olhinhos de Júlia, de seu jeito meigo de falar, dela lendo livros, recostada no desvão da janela, do vento tocando-lhe o semblante juvenil, de nós sentados na mureta, compartilhando a chave para adentrar o reino mágico da imaginação.

— Pra onde a gente tá indo? — perguntei ao meu pai.
— Cala a boca e venha! — ele disse abrindo a porta.
 — Você tem que ficar calado, entendeu?

A luz do quarto de Júlia estava apagada, e não se ouvia nem mesmo o barulho dos gatos miando em cima dos telhados. Vicente pegou meu braço. Fazendo com que eu caminhasse em seu ritmo, ele disse:

— Rápido!

Mais uma vez olhei para a mureta, e ele me cutucou, dizendo para eu seguir em frente.

O portão de ferro rangeu um pouco, mas quando d. Soraia acendeu a luz da varanda de sua casa, atravessamos a rua e avançamos pela escuridão.

Eu não me lembro em qual parte da cidade estávamos. Não me lembro como consegui suportar a friagem vestindo aqueles farrapos. Meus sapatos continuavam furados, disso eu me recordo: as pedras que entravam pelo buraco do calcanhar são as lembranças incorruptíveis da falta de generosidade de meu pai.

Pergunto-me, nesse momento, por que ele não esperou o dia seguinte, não fez um acordo com a proprietária da casa, trocando um pouco de seu trabalho braçal, consertando as calhas que estavam quebradas, arrumando a fechadura do velho portão de ferro, mexendo no encanamento lá da casa onde morávamos, por alguns dias até que pudéssemos sair com mais calma?

Dormimos embaixo das marquises e dos pontos de ônibus. Sim! Essa foi nossa vida durante algumas semanas. Em muitos momentos tentei escapar das vistas de Vicente e ganhar o mundo longe dele, mas o velhote sempre conseguia me arrastar de volta para junto de si.

Meu pai foi o meu maior algoz! Por causa dele, vasculhei o lixo à procura de comida, estendi as mãos no farol, demorei a me desenvolver e custei a acreditar nas pessoas. Fechado, tal qual um muro em que não penetra nem mesmo o vento da esperança, senti os braços longos do abismo envolvendo lentamente minha juventude.

Uma vez ele me disse:

— Nunca mais pense em fugir, entendeu?
— Entendi sim, senhor.
— Eu vou tirar a gente daqui, mas se você sonhar em sair de perto de mim, moleque, se você sair correndo por aí outra vez, eu te mato!

Uma folha sendo arrastada ao vento, no chão imundo da cidade, me lembrou a aroeira lá do quintal de d. Soraia. Eu me perguntava o que Júlia estaria fazendo naquele momento. Para dizer a verdade, muitas vezes pensei nela com afeto e continuo refletindo a respeito do quanto sua personalidade inteligente, perspicaz e delicada exerceu forte influência sobre minha juventude, mas a penúria, a fome, o desespero e os maus-tratos de Vicente fizeram com que deixasse esse capítulo de minha vida um pouco esquecido na biblioteca empoeirada da memória.

Virando essas páginas, o leitor poderá encontrar eu e meu velho pai perambulando pela cidade. O homem começou a falar sozinho pelos cantos. Hoje acredito que a abstinência do álcool, somada à fome, talvez estivesse lhe provocando alucinações. Se alguém me perguntasse por que eu não aproveitei o momento para escapar pra perto de outro adulto, eu diria que a fraqueza não me deixava pensar direito. Devo ter tido medo de ele enlouquecer de vez e ficar jogado na rua, como a maioria dos corpos negros enrolados em sacos de lixo que encontramos por aí...

— Ô moleque, aquele ali é teu pai? — me perguntou um homem se aproximando de onde estávamos.
— É sim, senhor.
— Ele é louco?

— Não, senhor. É que a gente tá com fome.

O homem pensou por um momento e, mexendo no bolso, encontrou algumas moedas, que me deu. Ele não estava bem vestido. Era semelhante a mais um sem-teto, na mesma situação que a nossa. Seus olhos, no entanto, não pareciam afundados no lago do vício, como os de meu pai. Embora desse para identificar que a vida também não fora tão benévola assim com ele, havia um forte lampejo de esperança em sua face, moldada pelas mãos pesadas do sofrimento.

— Com essas moedas dá pra comprar um pão pra você e café quente pro seu pai. Amanhã, se vocês ainda estiverem aqui, acho que consigo um emprego temporário na feira de domingo, se ele aguentar e quiser — ele disse.
— Obrigado, senhor...
— Meu nome é José Roberto, mas pode me chamar de Beto.
— Eu me chamo Fernando e o nome do meu pai é Vicente.

O homem se misturou à multidão de pessoas que parecia não enxergar a gente. Por um instante pensei que estivesse deslizando para dentro de outro sonho, por causa do modo como Beto falou comigo. Sorri levemente ao imaginar um pãozinho quente. Estava, havia horas, sem forrar o estômago. A fome doía em mim sem que eu pudesse diminuí-la. Meu pai dormia na sarjeta alheio às coisas à nossa volta.

Corri até a padaria próxima e pedi um pão ao balconista, que me olhou com piedade.

— E um café, por favor — falei, deixando escapar a voz meio apagada.

O homem retornou trazendo um saco de pão de ontem e em seguida retirou um pouco de café com leite da máquina, que depositou sobre o balcão.

— Café puro, moço.
— Toma o café com leite e coma um pãozinho sossegado. Depois que você terminar, tiro o café puro.

Mastiguei o pãozinho às pressas e, bebericando o café com leite, senti, lá dentro, o estômago se aquecendo. Recobrei um pouco de energia. Uma mulher que estava sentada ao lado me olhava, às vezes, pelo canto dos olhos, parecendo enojada. Devia ser por causa do mau cheiro de minhas entranhas. Isso não importava. Ela era uma privilegiada, mesmo que tivesse apenas aquela alma feia para morar. Esperei o balconista voltar-se para mim. Ele me olhou e, não demorou muito, me trouxe o café em um copo de plástico.

Agradeci e ganhei a rua feliz por ele ter me dado o saco de pão e rejeitado as moedas. Daria pra mastigar à noite olhando as estrelas, digerir melhor o medo, ficar desperto em algum ponto de ônibus, relevar a reação de meu velho todas as vezes que ele decidia caminhar na madrugada. Quando voltei, Vicente estava acordado, talvez me procurando em pensamentos. Deve ter pensado que eu aproveitara para fugir, mas logo que me viu pude perceber um pouco de alívio em seus olhos.

Falei das moedas que José Roberto me dera. Dei-lhe o café puro e retirei um pão do saco. Ele ficou com as moedas. Mastigou o pãozinho que nem um esfomeado e deu uma golada no café, que já não devia estar tão quente assim. Depois de alguns minutos falou:

— Moleque, da próxima vez que você conseguir uma esmola, não saia sem me avisar, entendeu?

Balancei a cabeça afirmativamente.

— Se a polícia te pegar, você tá fodido — ele disse.

— O sr. José Roberto vem aqui amanhã.

— José Roberto?

— O Beto...

— Já te disse pra não falar com estranhos.

— Foi ele que me deu as moedas.

— Se te derem esmola e ficarem fazendo muitas perguntas...

— Ele não era policial.

— Não fique muito perto de outras pessoas, apenas agradeça a esmola, ouviu?

— Ele quer arranjar um emprego pro senhor.

— Conversa fiada, moleque!

Vicente não me deu ouvidos. Levantou-se do chão e foi direto pro boteco beber. Aquela foi a primeira vez que percebi o quanto ele estava combalido. Contudo, era um homem forte e com certeza aguentaria trabalhar. O velho sempre trabalhou, jamais gostou de beber da bebida dos outros. O orgulho era um veneno em sua vida, que o embriagava no decorrer dos anos, mas talvez ele gostasse de voltar a ter um pouco de dignidade perante si mesmo.

Eu só pensava em continuar a tomar banho todos os dias, dormir em uma cama de verdade, sem precisar acordar ao menor ruído da rua. As coisas que eu carregava para lá e para cá, dentro do mesmo saco preto de lixo, o mesmo que antigamente eu levava à casa da lavadeira, não passavam de uma calça velha, uma camiseta branca, que eu pretendia conservar o máximo possível, duas cuecas, as luvas do velho e o caderno que Júlia me dera de presente. Até hoje me sinto envergonhado por não ter podido levar comigo *As aventuras de Huckleberry Finn*, pois se d. Soraia o encontrasse perdido lá na casa, saberia que sua filha havia pegado os livros da biblioteca para me dar...

Não demorou muito e meu pai surgiu cambaleando na calçada. Cabisbaixo e maltrapilho, louco e desgastado pelas noites maldormidas. Relembrando essa imagem decadente, penso em como uma pequena dose de bebida é capaz de enfraquecer o mais forte dos homens. Trouxe-me o mesmo ar tortuoso de sempre, com seus olhos demoníacos, seu bafo recorrente e o silêncio que às vezes se arrastava até o anoitecer. Ele se encolhia ainda mais dentro de si, fechando os olhos, dormia um sono profundo e pesado, roncando muito, e continuava alheio ao movimento perigoso das esquinas.

Despertei no meio da madrugada com um papelão no corpo. Ouvindo ruídos, olhei em volta e vi uma figura que me fez pensar ser algum tipo de assaltante, mas para minha surpresa não passava de um andarilho, um artista perguntando se eu estava sozinho e se tinha algo para dar para ele comer.

Dei-lhe um pedaço do pão velho e o observei, ainda meio assustado.

— Fica tranquilo, irmãozinho — ele disse ajeitando o boné que lhe dava ares de malandro.

— Eu já tô tranquilo.

— Tá sozinho?

— Não tô, não.

— Aquele bêbado é teu pai?

— É sim, senhor.

— Não precisa me chamar de senhor, não. Nas ruas todos me conhecem como Jorge Cavaco. Qual é a sua graça, companheiro?

Vicente continuou dormindo e, por isso, não se deu ao trabalho de ver o que estava acontecendo. Jorge Cavaco, por sua vez, tornou a perguntar o meu nome utilizando seu dialeto, algo que eu desconhecia na época. Ele me olhou e percebeu que eu não compreendi bem suas palavras, o artista deu um sorriso brando e pousou o objeto que levava consigo na ponta dos pés. Notei que seus olhos brilharam por causa do clarão da lua. Eu não estava mais com medo. Ele também não parecia ser algum tipo de ameaça. Deve ter descido do reino de Dioníso, pois logo, sem que eu percebesse, abriu o revestimento de seu cavaco, de onde retirou uma garrafinha com vinho, deu uma tragada marota e repetiu a pergunta de antes.

— Qual é o seu nome, fedelho? — ele disse com voz mansa.

— Fernando, moço; pode me chamar de Fernando mesmo.

— Gosta de música?

Mais uma vez fiquei calado sem saber o que responder.

— A música é o alimento da alma, Fernando — ele disse tocando com suavidade uma das cordas do instrumento.

Depois, como que agradecido pelo pedaço de pão que eu lhe dei, Jorge Cavaco tocou uma canção sem letra que se misturou aos ruídos da rua, ao passar de carros, ao zunido de vento nos meus ouvidos, barulho ritmado que me transportou para o mundo mágico que eu já havia conhecido ao lado de Júlia, por meio das palavras nos livros.

— É isso mesmo, Fernando, a música é o pensamento vivo da poesia, não se esqueça disso!

Então ele disse que, de todo amor que teve na vida; a noite, as mulheres e a boemia, restava-lhe apenas a lembrança dele mesmo nos olhos daquelas que choraram e beberam por sua ausência. Era mesmo conhecido por Jorge Cavaco: músico, cantor e compositor... Quando falava, as frases lhe escapavam da boca como lindas canções. Ele gostava de perambular por aquelas ruas oferecendo seu trabalho artístico, igual a um bom menestrel das madrugas, aquele que entretém mendigos, prostitutas, andarilhos e bêbados. Ele me falou o quanto eu parecia com certo amigo seu. No dia seguinte, acordei com o barulho dos ônibus e dos transeuntes na rua. Jamais soube se Jorge Cavaco havia sido real ou apenas fruto da minha imaginação.

José Roberto apareceu aquela manhã dizendo para meu pai:

— Bom dia, companheiro.
— Bom dia — respondeu Vicente, todo desconfiado.
— Tenho um serviço na feira pro senhor. Quer?
— Trabalhar é o que mais quero!
— Então levanta desse chão e venha comigo.
— Mas primeiro preciso saber o motivo de tanta gentileza por parte do senhor — quis saber o velho.
— Eu já tive filho e vi o seu ontem nessa situação de dar pena. Meu menino, o Miguel, faleceu nas ruas, de pneumonia. Ele tava magro com os olhos fundos que nem o menino aí... Não tive tempo de fazer por ele o que o senhor pode fazer por si mesmo e por Fernando.
— Só por isso mesmo?
— Fui com a cara do teu menino — disse Roberto, dando uma piscadela pra mim.

Levantando-se da sarjeta meio sonolento e de ressaca, Vicente seguiu o sr. José Roberto, que foi conduzindo a gente por ruas estreitas. Eu via, impressionado, a beleza dos edifícios da cidade, as construções do século passado enriqueciam minha imaginação. Eu me perguntava por que havia tantos prédios abandonados às traças e ninguém morando ali. Isso poderia modificar a vida de milhares de pessoas em situação de rua, dessa gente que vai para lá e para cá, como eu e meu pai, andando nas últimas semanas, sem um lugar onde pudéssemos descansar a cabeça à noite e assentar um pouco as feridas causadas pela violência do cotidiano.

Eu continuava a juntar palavras mesmo depois de muito tempo longe dos livros: lia as placas de sinalização, as fachadas dos comércios, as pichações nos muros, as propagandas das cartomantes penduradas em placas nos postes, os folhetos das testemunhas de Jeová e os jornais da semana passada que alguém jogara no chão. Agora entendia o que Júlia queria dizer quando me contou por que ela gostava de ler até mesmo bula de remédio.

Acho que deve ter sido por esse motivo que Vicente se espantou quando eu repeti em voz alta:

— Feira do Povo é aqui, não é Beto?

— Você sabe ler, Fernando?

— Sei, sim, senhor.

— Que bom que o teu pai não se descuidou da tua educação. — disse José Roberto com entusiasmo exagerado. — Quando você crescer, se for esforçado e estudar pra valer, não vai precisar pegar no pesado que nem a gente, não é mesmo, seu Vicente?

O velhote balançou a cabeça afirmativamente, olhando-me pelos cantos dos olhos. Voltando-se para si mesmo, era como se não tivesse escutado nosso novo amigo, que não parava de falar em seu filho Miguel...

Ele contou:

— O menino morreu nos braços de Luzia, minha mulher. Foi como se tivesse sido arrancado um pedaço da gente. Ainda dói. A gente era viciado em pedra e, por isso, prometemos sair do fundo do poço e começar uma vida nova. Pelo menino e por nós. A nossa sorte foi termos sido encontrados pelo seu Josias, que organiza a feira e contrata as pessoas pra trabalhar. Eu e Luzia começamos trabalhando pra ele, mas não demorou muito tempo pra gente ter a nossa própria banca.

— Este homem é rico? — perguntou Vicente com interesse.

— Josias é um negro assim que nem a gente: veio de baixo e se ergueu com o esforço do próprio trabalho. Ele já teve problemas com alcoolismo, foi ajudado, e hoje o seu propósito, sempre que pode, é auxiliar quem precisa. Vocês vão gostar dele.

— O senhor vai me desculpar — falou meu pai com simpatia forçada —, mas eu só quero um trabalho mesmo. Não me dou muito bem com gente falando o que eu devo ou não devo fazer da minha vida.

— Pode ficar tranquilo, seu Vicente. Você fazendo o serviço direito, vai dar tudo certo. O senhor tem mulher?

— Faleceu no dia do nascimento dele — disse, olhando para o outro lado.

José Roberto não estendeu muito o assunto, parecendo ter ficado meio sem graça. De repente, era como se ele fosse candidato a prefeito, cumprimentando as pessoas que passavam e os feirantes gritando o nome das frutas e negociando com a clientela ávida pelas mercadorias.

O sr. Josias era um homem bastante simpático, engraçado e cheio de carisma. Dono de uma voz exuberante quando falava, parecia um cantor de blues. Deixou a gente entrar em sua salinha, dentro de um prédio próximo à Feira do Povo. Olhando-o com desconfiança, meu velho não demonstrou estar nem um pouco encantado com o jeito alegre e bem-intencionado de o feirante falar, muito pelo contrário: ele se mostrou ansioso assim que chegou e portou-se como um entediado dentro da sala. O vento que entrava pela janela diáfana trazia o cheiro de peixe lá da feira, misturado a toda sorte de frutas. O sol daquele dia se apresentava para nós como um bom presságio.

José Roberto se retirou, deixando-nos à vontade com o homem, que foi puxando uma cadeira para Vicente se acomodar. Sentando-se a contragosto, meu pai, me vendo mexer num livro que estava em meio a um monte de revistas em cima de uma estante lustrosa da sala, disse:

— Deixa isso aí, moleque!
— Pode deixar o Fernando ver o livro — rebateu o feirante.

— Livro é coisa de bicha!
— O quê?!
— Esse menino tem que aprender a ser homem.
— O senhor tem que aprender a ser pai!
— Eu vim aqui pra conseguir um serviço, mas, pelo que tô vendo, o senhor gosta de controlar a vida dos outros.
— Eu não controlo a vida de ninguém, meu senhor. As pessoas trabalham pra mim por livre e espontânea vontade. E fique sabendo: se hoje eu tenho o que tenho, foi por causa do estudo. Agora vamos ao que interessa.

Coloquei o livro em cima da estante e fiquei em pé ouvindo seu Josias falar.

— Eu tenho vaga pra uma banca no final da feira, onde o senhor vai poder vender peixe. Já trabalhou na vida, seu Vicente?
— Fiz de tudo neste mundo. Até em açougue trabalhei! — disse ele, exibindo as duas mãos calejadas.
— Muito bem, seu Vicente!

No momento seguinte, Josias explicou para meu pai que seu serviço se resumia a cortar e vender peixes, limpá-los e separá-los por espécimes — lambari, bagre, salmão etc. Tudo quanto é tipo de carne aquática que se possa imaginar passaria por suas mãos rudes de trabalhador braçal. Do jeito que o velho não ligava muito para a própria aparência, também não se importaria com o cheiro da peixaria.

Apenas um pequeno detalhe fez com que ele hesitasse por um breve instante.

— Onde é que a gente vai ficar?

— Esse não é o problema, companheiro.

— Não tenho dinheiro pra pagar aluguel, e se for pra ficar devendo pro senhor, prefiro continuar na rua.

— E quem é que falou em dívida?

— Hoje em dia ninguém dá nada de graça pra ninguém. O senhor deve saber muito bem disso.

— Justamente! Mas o companheiro José Roberto deve ter explicado para o senhor como nós trabalhamos aqui, e se o senhor tiver alguma objeção quanto a isso, sinto muito por você e pelo menino, não terei tempo pra ficar insistindo que fique com o serviço. Lá na rua tem um bocado de gente como você, Vicente, à procura de uma oportunidade.

O dono da Feira do Povo parou de falar, aguardando que suas palavras surtissem algum efeito positivo em meu pai. Eu também esperava que o velho não fosse tão cabeça-dura assim e aceitasse a proposta do homem, porém ele foi dizendo, ainda carrancudo:

— Como eu disse, se for pra ficar devendo, prefiro a sarjeta.

Levantou-se da cadeira com ar sobranceiro e se dirigiu até a porta. Antes que ele a abrisse, seu Josias olhou-me mais uma vez com cumplicidade e disse:

— É um quartinho perto da rua 13. Vocês não precisarão pagar o aluguel, mas terão que entregar o lugar daqui a um mês. Esse é o tempo que eu dou para que todos os meus funcionários possam se reerguer. É pegar ou largar, meu amigo. A escolha é sua.

O orgulho era mesmo um veneno na vida de Vicente. Ele não respondeu à pergunta de Josias, que permaneceu sentado onde estava, talvez vendo a si mesmo em um passado muito distante.

Reforçou com calma:

— José Roberto é o encarregado de cuidar da chave do quartinho pra mim. Se aceitar a proposta, procure por ele depois das seis e meia.

Pelo resto do dia, ficamos perambulando sem lugar para ir. Meu pai estava calado como sempre, e eu, com fome e desesperança, observava as ruas apinhadas de gente andando para lá e para cá. Queria me sentar em alguma calçada, pois já não me aguentava em pé, porém na maioria dos lugares não dava pra sentar e descansar por causa das pedras pontiagudas que os proprietários dos estabelecimentos colocavam por medo de que as pessoas em situação de rua montassem barracas improvisadas em frente aos seus negócios.

O padre Júlio Lancelotti, esse homem conhecido do povo, já naquela época vivia ajudando os pobres e necessitados. Ele espalhou o significado da palavra amor e até deixava muitas dessas pessoas dormirem na igreja, onde pregava a palavra de Jesus Cristo. Foi para aquele templo cristão que o meu velho se encaminhou e conseguiu uma coberta nova e dois pratos de comida.

Arroz, feijão e frango bem temperados, um copo de suco e uma sombra embaixo da copa de uma árvore, igual à aroeira no quintal de d. Soraia, arroto, sensação de alívio e preguiça. Senti a satisfação depois de dar a última colherada no prato, enquanto meu velho acendia um cigarro.

Tive vontade de agradecer ao bom padre. Uma pessoa de sua equipe disse que ele havia saído em uma missão naquele horário, porém ele levaria a mensagem de meu agradecimento até o religioso.

Às seis e meia, Vicente disse:

— Vamos lá ver o tal do Beto.

Muita gente vinha da periferia pra pegar as sobras da grande feira. Encontrei uma mexerica perto da guia de uma calçada. Corri para pegá-la e, ao abri-la, notei que ainda dava para comer. Oferecei um gomo para o velho Vicente, que rejeitou olhando para ver se o sr. José Roberto estava por ali. Em seguida, mais adiante, uma moça me ofereceu uma manga semiamadurecida, que eu aceitei prontamente, sorrindo. Lembro-me de ter me empanturrado com banana, goiaba, uvas e ameixa. Se alguém me visse comendo daquele jeito, não entenderia por que eu estava só pele e osso.

— Seu Vicente! — alguém gritou.

Era o Beto com uma mulher ao lado.

— Essa é a Luzia de quem falei para vocês. Fico feliz que o senhor tenha decidido ficar com o serviço. Seu Josias comentou sobre o quartinho?
— Falou sim, senhor — respondi com medo que meu pai dissesse algum tipo de besteira.
— Então venham comigo.

Luzia carregava algumas coisas nos braços e se despediu de nós com um "até logo". Gostei do jeito dela, pois combinava em tudo com o sr. José Roberto, que novamente estava nos conduzindo pelos becos do centro. Aqui e ali, às sete horas da noite, explicava ele, nessa ou naquela região, era bom tomar muito cuidado com os viciados em drogas. Mesmo se você não tivesse muito a oferecer, por causa de sua aparência, eles faziam questão de te revirar de cima a baixo, te ameaçando com alguma faca pontiaguda.

— Nem todos são assim — explicou Beto. — A maioria

dos viciados é muito doente e não sabe mais o que tá fazendo.

Do jeito que o José Roberto falava, dava para perceber o quanto conhecia aquela situação de perto. É difícil imaginar um homem como ele — calmo, sereno, prestativo e responsável — perdido no labirinto do vício. Pouca gente consegue encontrar o caminho de volta, mas ele e dona Luzia, sua mulher, de alguma forma conseguiram se afastar da fumaça mortal da pedra. Vicente não dava ouvidos para nada daquilo que ele dizia. Ainda assim, Roberto continuava a falar de como presenciara gente morta por facada na calada da noite e dos policiais que ateavam fogo nas pessoas dormindo em algum desses pontos soturnos da cidade.

— O senhor deve se lembrar da chacina da Candelária lá no Rio de Janeiro — disse ele com tristeza. — Muita gente já morreu na rua. Não se engane não. A melhor coisa a fazer é dar um lugar melhor pro menino crescer.

Eu já entendia certas coisas. Compreendia aquilo que um menino não devia compreender. Ouvia conversas que uma criança não devia ouvir. Deixava de fazer coisas que não se devia deixar de fazer: brincar de bola, correr pelas ruas, ir pra escola, comer doces, andar de bicicleta, jogar videogame e viver calmamente, até completar a idade do desespero propriamente dito. Essa idade, a que os adultos estão acostumados, a gente que nasce na periferia conhece desde a barriga da mãe. Somos expulsos do quentinho do útero para um mundo sujo, caótico, triste e desigual.

Não quero que o leitor deixe de lado o livro por causa desses queixumes, mas toda história escrita por um favelado irá desembocar nas questões sociais. O privilégio de poucos é a desgraça de muitos, e esse pequeno clichê define a maior parte dos personagens que transitam na minha história.

Quando chegamos de frente a um prédio, notei que as janelas estavam quebradas e havia um muro ao lado cheio de rabiscos e grafites. A rua era um beco, e lá, ao fundo, um grupo de viciados estava reunido soprando fumaça para o ar. Vicente olhou com indiferença, enquanto José Roberto deu de ombros, balançando a cabeça.

— Este lugar serve apenas pra dormir — ele falou, nos conduzindo até o hall de entrada sem porteiro. — Aqui não é nenhum hotel cinco estrelas, mas é muito melhor do que dormir embaixo das marquises dos bares e correr risco, não é, Fernando?

— É sim, senhor — respondi com satisfação —, muito melhor do que o chão duro das calçadas.

— Por sorte — lembrou-se Beto —, tem uma cama e um sofá. Vamos entrando. Eu vou mostrar o quartinho pra vocês.

Subimos alguns lances de escada, pois o elevador estava quebrado havia tempos, como foi explicando José Roberto. Pela aparência dos andares que passamos — as paredes mofadas estavam por pintar e dava pra ver que não varriam o assoalho com muita frequência —, não era de se esperar muita coisa. No entanto, quando Roberto introduziu a chave no trinco e girou a maçaneta, fazendo-nos entrar com um movimento convidativo de mãos, não achei o local tão ruim assim.

— Venham — disse o anfitrião —, eu já morei aqui com a Luzia. No começo é meio estranho. Vocês vão ouvir alguns barulhos dos quartos vizinhos, mas não é nada demais. Como tem muita criança no prédio, às vezes elas ficam correndo de um lugar para o outro. Fora isso, tem apenas um boteco lá no final da rua onde toda sexta-feira vocês vão ouvir samba, ou na madrugada alguém muito louco gritando de desespero.

— O centro é assim mesmo — falou meu pai.

— Mas vocês já estão acostumados com isso.

Balancei a cabeça positivamente.

— É bom se acostumar com uma vida melhor, Fernando. Agora as coisas irão mudar pra vocês, pode apostar nisso — Beto disse.

Quando o sr. José Roberto se retirou, dizendo boa noite, meu pai falou:

— Você vai ficar no sofá. Amanhã vou pegar no pesado.
— Sim, senhor.
— É bom não ficar zanzando por aí.
— Tá bom, pai.
— Agora deixa de conversa fiada e vá arrumar as suas coisas!

A kitineti não era tão ruim assim: havia um banheiro com pia, privada e chuveiro. Um espaço que dava pra fazer de sala-cozinha, onde ficava o sofá. Eu deixei minhas coisas ali mesmo. Acomodei-me no momento seguinte. Olhei mais uma vez em volta: as paredes davam a segurança que eu precisava pra poder dormir sossegado. O velho se dirigiu até o banheiro e eu pude ouvir o barulho dele urinando. Fechou a portinha de madeira e, depois de um breve silêncio, resmungou qualquer coisa. Saiu de lá de dentro e foi direto para a cama. O vento da noite, que entrava pela janelinha entreaberta, não chegava a ser insuportável como da primeira madrugada em que dormimos na rua.

Uma das melhores sensações do mundo é quando alguém, privado de qualquer tipo de conforto que seja, volta a sorrir por dentro pelo fato de ter recuperado o mínimo de dignidade possível. Digo isso porque me sentia alegre pelo simples fato de ter visto o chuveiro, mas quando coloquei minhas mãos magras no registro, não saiu uma gota de água sequer, e a felicidade escoou pelo ralo dos meus pensamentos. Vicente acendeu um cigarro e ficou deitado se deliciando com a fumaça fétida do fumo. Para ele, aquilo bastava por ora: deitar-se enquanto gozava o momento de poder dar uma outra tragada em seu cigarro.

Mais tarde não se ouvia nem mesmo o barulho dos carros lá fora. Apenas um grito na avenida. Parecia voz de mulher. Não sei, não consigo me lembrar, poderia ter sido qualquer pessoa. À noite, o centro não é o melhor local para você refletir sobre o silêncio. O desespero grita nas esquinas. Há morte pelos cantos. Cheiro de urina e fezes humanas, lágrimas na alma daqueles que habitam essas ruas noturnas, da gente que faz as calçadas de colchão. De nossos semelhantes que repousam a cabeça em cima do papelão, que olham para as estrelas e não encontram nem mesmo o brilho da esperança refletindo lá em cima, pois já não acreditam mais na força do Todo-Poderoso, estão mortas por dentro, caminham como zumbis. Muitos de nós passamos por elas durante o dia sem nos darmos conta disso.

Pela manhã, abri os olhos pouco depois das nove horas. Fazia um bom tempo que eu não dormia gostosa e profundamente daquele jeito. Olhando na direção da cama de Vicente, não o encontrei lá. Devia ter saído às cinco e meia para o primeiro dia de trabalho, em que ele poderia chegar caminhando, ao contrário do bairro onde fomos morar no mês seguinte, quando o velho precisava se levantar às quatro horas e seguir viagem no ônibus lotado de gente sonolenta que nem ele.

Afinal, fui até o banheiro e abri a torneira da pia. Dessa vez, o barulho de água se mostrou presente. Imediatamente, eu estava embaixo da ducha e senti o quentinho da água caindo em cima de mim. Havia um sabonete cortado ao meio e uma bucha de esfregar. Eu me ensaboava fazendo espuma, enquanto o vapor da água subia e eu me lembrava da cerração, ao amanhecer do dia, pelas ruas da cidade.

Não havia toalha para me secar, mas vesti a camiseta e uma cueca retirada de dentro do saco de lixo que carregava comigo. Estava tremendo de frio, porém satisfeito e aliviado de ter tirado a sujeira do corpo. Foi como me livrar de um peso impregnado na pele. Voltei pra junto do sofá e fiquei por lá durante alguns minutos, lamentando a má sorte de não ter nenhum livro para ler. A seguir, fui até a janelinha perto da cama, onde Vicente dormira. Pus-me a observar o movimento das ruas. As portas de aço de alguns comércios estavam sendo abertas naquele momento. De repente, um homem-placa começou a gritar alto e bom som: "Compro ouro, dólar e euro!". Quando ele parava, outro berrava: "Advogado trabalhista!". Distribuíam-se panfletos e cartões para os transeuntes. Um homem do outro lado da calçada estava com um microfone anunciando os produtos do restaurante. Perto do meio-dia, ele começou a convidar as pessoas para entrar no estabelecimento, dizendo: "Comida boa e barata é aqui!".

Saí e voltei várias vezes na janelinha, para observar aquele movimento que se estendeu até mais tarde.

Às duas horas eu estava amarelo de fome!

Se ao menos eu pudesse ter ido à feira com Vicente, teria conseguido me alimentar com frutas. A verdade é que, mesmo se você está acostumado a passar fome, essa experiência será sempre abissal. Ninguém merece esse tipo de coisa, mas no momento em que escrevo, sei que milhares de pessoas estão revirando o lixo à procura de comida, ou dentro de algum barraco de favela, rezando a Deus, sem nada para empurrar pra dentro da barriga.

Foi quando fui surpreendido por alguém batendo forte na porta.

— Quem é?
— Sou eu, menino, a Luzia, mulher do José Roberto.
— Já vou.
— No seu tempo.

Abri a porta e lá estava d. Luzia sorrindo pra mim, com uma sacola que logo identifiquei ser o meu almoço.

Ela disse:

— Meu Deus do céu, você está amarelo de fome!
— Boa tarde.
— Boa tarde, dormiu bem?
— Dormi sim, senhora.
— O sr. Josias te mandou essa feijoada.
— Feijoada?
— Ele faz de boas-vindas pros novos funcionários.
— Eu não sou funcionário dele.
— Mas seu pai é!
— Ele saiu cedinho.

— Tá lá na feira, trabalhando muito bem por sinal. Não é muito de falar, não, mas sabe trabalhar com peixe. Eu já levei a feijoada dele. E essa é tua, toma. Aqui tem garfo e faca. Aproveita. Você tá muito magro.

— Obrigado.

Dirigiu-se até perto da porta, mas parou repentinamente como se tivesse tido uma ideia. Voltou-se para mim com o olhar da ternura, dizendo:

— O meu filho tinha o seu tamanho. Eu tenho umas peças de roupa do Miguel que devem servir em você, Fernando. Depois que terminar de comer, vá até o final da rua. Lá você verá um prédio cinza. É só apertar o interfone e dizer o número 103. Não esquece! Vou deixar avisado pro porteiro.

Retirou-se no mesmo instante e eu senti o cheiro da feijoada embriagando meus sentidos. Lembro-me bem daquele dia, mas preciso dizer que aquela comida jamais se compararia às refeições de d. Ângela lá na favela. Com as forças recuperadas, continuei sentado no sofá. Minutos depois, estava na janela e observei que o movimento frenético continuava o mesmo. No prédio da frente, uma mulher também espiava a rua. Passeando a visão em volta, notei outros moradores olhando para baixo. Eu devia estar no sexto andar. Voltei-me para o lado e percebi o porquê de olhares curiosos: um sujeito apanhava dos comerciantes depois de tentar furtar o celular de alguém.

Os policiais chegaram hostilizando e finalizaram a cena colocando o sujeito na parte de trás do camburão.

Voltei para o sofá e, ainda com preguiça, cochilei por uns minutos. Acordei perto das cinco horas. Coloquei o sapato furado e decidi ir até o final da rua, como d. Luzia indicou. Fechei a porta do recinto e olhei para os lados. Aquele prédio tinha qualquer coisa de mórbido e muito pesado. Devia ser porque as pessoas moravam ali de modo ilícito e não se sentiam confortáveis em ficar limpando, varrendo o chão, pintando as paredes de tempos em tempos, já que a qualquer momento a prefeitura poderia dar uma ordem de despejo.

Desci alguns lances de escada e me vi esbarrando nas pessoas que caminhavam com pressa na rua.

Ao lado do prédio cinza, onde d. Luzia e seu José Roberto moravam, também havia um muro branco todo rabiscado e cheio de grafites. Eu estava aprendendo a ler as pichações, mas me surpreendi quando encontrei em uma parte branca da parede o trecho de uma poesia que dizia o seguinte:

Em casa de menino de rua, o último a dormir apaga a lua.

Embaixo estava assinado Giovane Baffô, autor do poema que falava tanta coisa em poucas palavras. Soube depois que aquele era realmente um trecho de sua bela poesia. Voltei-me para o portão e apertei o interfone. A voz que saiu de dentro da caixinha perguntou o que eu queria. Falei o número 103, dizendo que precisava encontrar d. Luzia.

O homem lá dentro liberou a entrada, e eu passei pela portaria fazendo sinal com a mão. Vendo a minha falta de jeito, porque eu nunca havia entrado em um elevador sozinho, o porteiro se retirou da guarita e me colocou dentro do ascensor. Li em seu crachá que ele se chamava Pedro. Agradeci novamente, enquanto ele apertava o botão do andar ao qual eu tinha que ir. Rapidamente o elevador parou e saí dali de dentro sentindo uma leve tontura. Contando os números, cheguei à frente da porta em que morava o seu José Roberto junto com d. Luzia e apertei a campainha.

Não demorou muito, a mulher apareceu, dizendo:

— Eu já estava ficando preocupada com você. Aconteceu alguma coisa?
— Não, senhora.
— Pode me chamar de Luzia, Fernando.
— Fiquei com sono depois do almoço e dormi.
— Fez bem, muito bem — ela falou com um sorriso convidativo.

Diferente do lugar onde eu e meu pai estávamos, aquele apartamento era bem arejado e limpo, com um sofá vermelho, uma geladeira, um fogão, botijão, armário e uma mesa na pequena cozinha. Olhei para a estante na sala com a fotografia de um moleque aparentando ter a minha idade. Ele tinha olhos tristes e era magro como eu.

— Este é o Miguel — falou d. Luzia.

Continuei calado. Ela perguntou:

— Não tá com fome?

Balancei a cabeça negativamente.

— Separei as roupas pra você levar. Acho que vão servir muito bem. E tem este sapato que era do meu filho. Pode pegar. É seu também.
— Obrigado.
— Não precisa agradecer — ela disse com os olhos brilhando.

Não demorou muito, me contou um pouco da sua história antes de ir para as ruas com José. Havia sido moradora de um bairro no Capão Redondo, mas assim que conheceu Beto, como ela o chamava, fugiu de casa para ir morar com ele. Nessa época, trabalhava em uma agência de telemarketing.

— Eu tinha dezoito anos quando conheci o Beto — ela disse com saudosismo.

Mas havia ficado sem renda, porque naquela época houve uma onda de desemprego; e como morava com José Roberto em uma casa de aluguel, foram despejados, pois ele também não estava mais trabalhando. Grávida de três meses, não sabia o que fazer. Voltar pra casa dos pais não seria a melhor opção.

O marido, que naquela época era apenas namorado, havia sido tragado pelo desespero.

— Beto fazia de tudo. Chegou a pedir esmola na frente do farol. Vendeu amendoins nos terminais de ônibus e água também.

Como eu não dissesse nada, ela continuou:

— O José Roberto nunca foi um homem violento, mas uma vez trabalhou pra um árabe aqui no centro que usava colares de ouro. Ele se matou de trabalhar pro desgraçado em um armazém de loja, carregando e descarregando caixas das mercadorias dos caminhões que chegavam. Quando cobrou o dinheiro, o homem não quis pagar o seu dia de trabalho. Falou que ele era um viciado e jogou algumas moedas no chão.

— O que ele fez depois? — perguntei com interesse.

— Beto andava com um martelo no bolso pra proteger a gente dos perigos da rua. Arrancou um dos colares do árabe ameaçando ele com o martelo, o homem veio pra cima, e José Roberto bateu na cabeça dele, por pouco não matou o velho a martelada! Então a história se espalhou por aí. Naquele mesmo ano tive o Miguel. Não demorou muito — ela disse com tristeza, e uma lágrima ameaçou escorrer por seu rosto —, eu e o Beto começamos a fumar pedra...

Temendo que a mulher começasse a chorar, eu disse:

— Preciso ir embora d. Luzia. Obrigado pelos presentes.

No quartinho minúsculo, retirei as roupas de uma mochila que a mulher tinha me dado. Fiquei satisfeito em não precisar mais andar pra lá e pra cá com um saco de lixo e minhas coisas dentro. Tomei outro banho e me enxuguei com a camiseta velha. Vesti uma de cor branca e fiquei recostado até o cair da noite. Naquele horário podia-se perceber que o movimento ia diminuindo.

Vicente abriu a porta bruscamente e, sem me olhar nos olhos nem dizer boa-noite, colocou uma sacola com frutas em cima do sofá em que eu tinha dormido. Saí da janela e fui para o meu lugar observando-o dirigir-se para o banheiro. Lavou-se rapidamente com medo de a água acabar.

— Aí tem umas frutas, moleque — ele disse.

— Não tô com fome.

— Então guarda pra amanhã. Não tenho dinheiro pra comprar comida pra você. Vou juntar pra quando for o tempo de deixar este lugar.

Vestiu-se às pressas colocando uma calça limpa e saiu para a rua. Da janela observei-o caminhando em direção a uma mulher que ficava encostada na parede, fazendo sinais para os carros que passavam. Pegou-a pela mão e levou-a para dentro de um lugar com luzes coloridas. O silêncio reinou algumas horas depois, e eu me encontrei novamente sozinho naquele cubículo. O velho não voltou para casa. Dormi em sua cama e tive bons sonhos.

Pela manhã, nada de ele voltar. Refleti que tinha ido trabalhar de onde estava ontem à noite. Muitos anos depois entendi o que havia se passado ali, aquela cena se repetiu algumas vezes em nossa estadia no centro da cidade.

Um mês depois, em uma segunda-feira em que meu pai não havia saído para trabalhar, pois era justamente seu dia de folga, bateram na porta da nossa kitineti. Fui abrir e me espantei ao me deparar com Josias, o feirante, olhando-me daquela maneira afável e maternal. Estava vestido com uma roupa social que o deixava ainda mais elegante e com ar de bem-sucedido. Apertei-lhe a mão e perguntei se ele queria entrar. Deu-me um livro de presente de certo escritor estrangeiro, do qual não consigo recordar o nome, e perguntou:

— Cadê teu pai?
— Tá deitado.
— Diga a ele que estou aqui.
— Sim, senhor.
— Pai...
— Já escutei, porra! — disse Vicente levantando-se da cama.
— Bom dia, companheiro — Josias falou.
— Já vou!

O dono de A Feira do Povo veio dizer pro meu pai que havia expirado o prazo para ficarmos no quarto. O velho concordou com a cabeça sem fazer nenhum tipo de oposição. Ouvi-o dizer que, no dia seguinte, entregaria a chave para José Roberto e que já tinha em mente um lugar onde poderíamos ficar. Josias apertou-lhe a mão com entusiasmo, dizendo-lhe que havia gostado de seus serviços na peixaria e, se ele quisesse continuar com o emprego, seria todo dele. Teria um aumento de salário considerável. Dessa vez, Vicente não hesitou em aceitar a proposta de Josias e, pela primeira vez, agradeceu-lhe a gentileza.

Dessa forma, a gente se mudou para um bairro na periferia. Não era bem um bairro, se é que me entendem, mas se o leitor estiver familiarizado com casas erguidas próximo a córregos, como eu disse lá no começo, e também com chão de terra batida, ruas sem asfalto, crianças magras iguais a mim naquela época, brigas dentro dos botecos, música alta na madrugada e falta de sossego, a palavra "favela" não será nenhuma novidade na descrição das páginas seguintes. Apesar disso, havia muita coisa boa também: a maioria das pessoas era honesta e acordava cedo, deixando os filhos dormindo em casa para encarar a lida, dividia o pacote do arroz e do feijão, como veremos a seguir, e não ignorava a dor do próximo.

Foi nessa época que conheci a simpática e rechonchuda d. Ângela.

No momento em que ela viu eu e meu pai trazendo nossas coisas pro barraco próximo de sua casa, a mulher se dispôs a nos ajudar como podia. Às vezes oferecia um pouco de café para o velho, mas Vicente recusava suas gentilezas, sempre de cara fechada.

— O senhor fuma cigarro que nem um dragão — ela falou, e eu dei risada de seu modo espontâneo de ser.

Vicente permaneceu calado. Não queria papo com ninguém. Havia gastado algum dinheiro comprando aquele pedaço de chão pra gente morar. Em parte eu não entendia muito bem por que ele simplesmente não me abandonara de vez em algum canto do centro. Como eu disse: talvez acreditasse que quando eu crescesse poderia ser útil no trabalho braçal ou coisa parecida. Eu não fazia muitas perguntas para meu pai. Ele continuava chegando da peixaria com aquele cheiro horrível. Aquilo me trazia um pouco das lembranças da Feira do Povo, mas não era do meu interesse trabalhar com meu pai naquele lugar.

Ajeitamos o barraco enquanto d. Ângela não parava de fazer perguntas:

— Os vizinhos tão com fome?

— Não, obrigado — mentiu Vicente ainda bêbado de orgulho.

— O menino faça o favor de vir aqui um pouquinho.

Olhei pro velho, que não disse nada, nem se opôs ao pedido da mulher, simplesmente continuou a fazer sua arrumação, instalando um chuveiro improvisado no pequeno banheiro. Fiquei paralisado sem saber como devia agir. Talvez, se eu me atravesse a ir sem pedir sua permissão, ele me batesse com algum pedaço de madeira quando eu voltasse lá pra dentro.

Para meu espanto, ele disse:

— Vai.

D. Ângela foi dizendo:

— Aqui nessa casa só tem comida de pobre — arroz, feijão e ovo —, mas é feita com muito carinho, tá bom?

Havia uma santinha em cima da geladeira e fotos de um homem que lá atrás ela já mencionou ser seu marido, uma cozinha com o fogão e a mesa de madeira. A cortina que separava o local que a mulher chamava de quarto era branca que nem leite. As madeiras pareciam velhas; no entanto, não tinham furos, nem frestas, como lá em casa. Enfim, era caprichosa e, de todo aquele lugar paupérrimo, soube fazer seu castelo, em meio à miséria da favela. Conduziu-me até a mesa, onde eu a esperei trazer o prato. Depositou-o na minha frente, e o perfume estonteante daquela refeição me envolveu como feitiçaria. Levei a colher à boca. Mastiguei que nem um morto de fome. Sentindo a comida forrar meu estômago, eu só a escutava falar, sorrir e arrumar as coisas dentro da casa.

— O bairro não é lá aquelas coisas — ela dizia —, mas como é o nome do menino mesmo?
— Fernando.
— Nome bonito.
— Obrigado.
— Apenas não fique pelas ruas, Fernando. Por aqui também tem muita flor que não se cheire.
— Meu pai não me deixa sair de casa.
— Ele faz isso pro seu bem.

Se ela soubesse que eu já estivera em lugares muito piores do que aquele, entenderia por que eu não ficara amedrontado quando me contou ter ocorrido um assassinato na rua de baixo — um moleque da minha idade tinha morrido baleado por causa de um boné! Relatou-me histórias do próprio inferno, com o entusiasmo de uma mãe apreensiva com seu filho.

— O bom é que, neste chão onde a gente tá pisando, faz um bom tempo que a prefeitura não surge demolindo as casas.
— Já demoliram casas por aqui?
— Deve fazer mais de dez anos que muita gente foi morar na rua por causa dos demônios da prefeitura. Mães solteiras, crianças da sua idade, gente trabalhadora que não tinha nem pra onde ir!

Quando terminei de mastigar a comida, Ângela disse:

— Psiu!
— Hã?
— Leva isso aqui.
— O que é?
— É uma marmita pro seu Vicente.
— Mas meu pai não vai querer.
— Deixa em algum cantinho pra ele.

— Obrigado.

— Agora vá antes que o homem brigue com você.

O lugar onde estávamos morando foi erguido de forma irregular. Não sei precisar o valor que foi pago pra levantar o barraco, mas meu pai não tinha muito dinheiro: foi batendo martelo aqui e ali, colocando o telhado, revestindo uma e outra parte com lona preta. Depois de dois dias, por incrível que pudesse parecer, uma casinha como muitas outras estava à vista de quem passasse. Nada de extraordinário ali: apenas mais duas pessoas, em meio a tantas outras, tentando não perecer. O extraordinário mesmo devia ser continuar vivo. Não morrer de fome, nem ser baleado pela polícia, pois, longe dos olhos ávidos da morte, sobrevivemos aos longos braços do abismo.

Deixei a marmita que a vizinha tinha feito para Vicente em cima da geladeira. Ele estava dormindo, pois no dia seguinte teria que levantar cedo e ir trabalhar. Não demorou muito, e as viagens da periferia até o centro, onde a maior parte da população trabalha, começaram a cansar o velho. Ele era forte, mas aquela distância percorrida em pé no ônibus, somada ao trabalho, às noitadas pelos bares e ao vício do cigarro, tudo isso devia estar enfraquecendo-o.

No dia seguinte, encontrei a marmita vazia no mesmo local onde eu havia deixado. Joguei um pouco de água no objeto de plástico e levei-o pra d. Ângela.

— Eu não te disse que o teu pai tava com fome? — ela falou contente por ele ter devorado todo o arroz, o feijão e o ovo. Deu-me um pouco de café e um pãozinho com manteiga. Em casa havia algumas frutas que o velho trouxera da feira. Olhando para a ruazinha, tomei coragem e fui zanzar pelo bairro.

Sim! As crianças corriam pra lá e pra cá, brincavam, gritavam e se divertiam pelas quebradas. Os botecos e as igrejas estavam com suas portas abertas. Passado um ano, eu sabia exatamente até o horário em que podia ficar na rua sem que o meu pai desconfiasse. Ele se enfiava nos botecos e agora tinha até dívida na pocilga imunda de um certo Armando. Vicente ia para lá beber toda noite, quando chegava do serviço. Uma vez, estando de ressaca em seu dia de folga, mandou-me levar o dinheiro que estava devendo para o dono do bar.

— Não vá perder, hein! — ele falou, e eu sabia que aquilo era uma ameaça.

Caminhando pelas ruas, eu me sentia parte do bairro, mesmo não conhecendo crianças da minha idade e sem poder correr a brincar — soltar pipa, jogar bola de gude, andar de bicicleta, ou descer as ladeiras com carrinho de rolimã — todas as vezes que o velhote me mandava ir a esse ou aquele lugar. Era como se eu estivesse vivendo uma aventura, com um limite tácito estabelecido por Vicente.

Dentro do bar, Armando disse:

— Cadê o caladão?
— Quem?
— Seu pai. Ele chega aqui toda noite e não conversa com ninguém, mas teve uma vez que quase arrumou confusão e falou mais do que devia...

Mudando de assunto, falei:

— Ele me mandou entregar isso aqui pro senhor.
— Bebeu cachaça e de caladão começou a falar de uma mulher...

— Está aqui o dinheiro que ele te devia — repeti.

— Cecília: é esse o nome da tua mãe? — quis saber seu Armando.

Retirando-me dali, aquela pergunta era como se fosse um corvo bicando a carcaça de uma morta.

— Ô moleque — gritou seu Armando —, fala praquele bêbado do seu pai que ele não precisa ficar com vergonha de tomar "uma" aqui com a gente, não. O que é falado no boteco do Armando morre no boteco do Armando!

Naquela época, eu ficava me olhando no espelho de casa tentando imaginar o semblante de minha mãe. Eu me olhava durante algum tempo querendo saber se meus olhos se pareciam com os dela. Se o meu cabelo crespo, meu nariz, meus lábios grossos, a cor negra da minha pele, meu jeito de falar, de sorrir, de caminhar e até mesmo meu interesse por livros, anos mais tarde, deviam ser características da mulher que me colocou neste mundo. Agora havia um nome — um nome que ficou dançando em meus pensamentos, como um eco dentro de uma gruta sinistra...

A verdade é que a mulher que me deu à luz jamais veio atrás de mim; e Vicente se referia a ela sempre daquela maneira misteriosa, chamando-a de prostituta. Eu me lembro de sua voz lá no começo da narrativa, dizendo: sua mãe era uma prostituta, moleque! Mas por que tanto rancor e ódio em suas palavras? Será que eu não era seu filho? Por que o desgraçado não revelava o passado de minha mãe, ou será que com aquelas palavras ele queria me dar pistas de quem ela realmente era?

Peço desculpas ao leitor se parece que estou rodeando demais para chegar ao âmago da questão. Eu disse, em algum momento, que a minha vida não é igual a de todo mundo, mas começo a desconfiar, nessas duas semanas em que estou escrevendo sobre meus demônios internos, que nossas dores individuais são só nossas e imensas, por menores que possam parecer pela lupa de olhos alheios.

Na rua, a caminho de casa, onde d. Ângela dissera que um adolescente havia sido morto por causa de um boné, esbarrei com dois moleques brincando de futebol. Eles estavam curiosos e queriam saber quem eu era.

— Você é novo no bairro? — perguntou um deles, aproximando-se, com a bola de futebol parada em um dos pés. — A gente nunca te viu por aqui.

— Como você se chama? — perguntou o outro, roubando a bola do primeiro, que pareceu não ter gostado nada daquilo.

Achei engraçado, mas forcei pra não rir do drible que o menino levara. De certa forma, eu estava parecendo um pouco com Vicente, pois não sabia interagir direito com as pessoas. Mas, ao contrário do meu velho, eu sempre fazia um pouco de esforço pra não me passar por antipático.

— Meu nome é Fernando — respondi.
— O meu é Alexandre, e o dele é Felipe.

Desacostumado com aquele tipo de conversa, fui direto em minhas palavras:

— Preciso ir embora.

Alexandre insistiu:

— Você não quer brincar com a gente, irmãozinho?

Balancei a cabeça, e os dois ficaram decepcionados comigo.

Minha vontade era poder brincar na rua com eles, sujando-me descalço, chutando a bola no gol improvisado. Correr atrás de pipas e tudo o mais, mas não podia arriscar contrariar Vicente, que se irritava por qualquer motivo. Alguns meses depois, Alexandre e Felipe foram mortos por balas de tiro da polícia. Espalhou-se no bairro que a morte dos meninos havia sido um tipo de alerta para a bandidagem, que estava agindo na quebrada com seus pontos de drogas.

Este vento da desgraça que não deixa de rondar a vida dos moradores da periferia! Esse bafo gélido da morte, de mãos dadas com os fardados que matam a nossa gente, essa mesma história nas páginas dos jornais, nos noticiários, as tragédias enchem os bolsos dos poderosos, enquanto pessoas iguais a mim continuam morrendo todos os dias.

Deve ter sido por isso que dona Ângela ficou preocupada quando me viu chegando e morando apenas com o meu velho. Ela sabia o quanto o bairro era perigoso, mas, para dizer a verdade, em todos os lugares onde somos jogados, o genocídio de homens, mulheres e crianças negras não passa de um projeto bem articulado pelos poderosos senhores do Estado.

Uma noite, Vicente chegou cheio de euforia e feliz, mas eu não entendi direito o que ele dizia... Sua voz estava embargada... Seus olhos pareciam mais avermelhados que o normal. Ele cheirava a perfume doce, me provocando enjoo. Não entendi o que o velhote queria comigo quando, sem mais nem menos, disse:

— Vá pra rua e volte depois, entendeu?

— Onde é que eu vou ficar?

— Não sei, se vira, seu moleque!

— Oi, bebê — falou uma mulher que o acompanhava.

— Oi.

—Tudo bem?

— Tudo.

— Você é bonitinho, sabia?

— Obrigado.

— Mais bonito que o brutamontes do teu pai.

Nesse momento, o velho puxou-a com violência lá pra dentro, e eu pude reparar que ela calçava um tamanco de salto alto. O perfume me pareceu ficar mais forte quando ela se desvencilhou de Vicente e me deu um beijo no rosto, dizendo com ar malicioso:

— Daqui uns dois anos você vai poder também, tá bom?

— Tá bom sim, senhora — falei meio sem entender o que ela queria dizer com aquilo.

Juliana, pelo menos foi esse o nome que escutei o velhote gritar, se dirigiu lá pra dentro do barraco rebolando. Olhei ainda uma vez e ela me soprou um beijo, fechando a porta.

Na escuridão da favela em que a lua vem beijar a madrugada, no ar sinistro dos becos e das encruzilhadas, bem perto do rés do chão no qual algum desgraçado deve ter caído sem vida, eu fiquei. Pois entendi que Juliana iria dormir com meu pai até o dia seguinte. Encontrei um papelão e o coloquei por baixo da roupa. Não havia vivalma passando por ali. Um gato estava me olhando de cima de um muro. Seus olhos malditos brilharam lindamente, e eu pude contemplar a beleza infernal do felino, que miou, provocando-me tristes pensamentos...

Despertei com o dia amanhecendo e observei que algumas pessoas passavam perguntando se eu estava bem. A cerração não me deixava enxergar direito, mas senti um braço me puxando com força e identifiquei o cheiro do perfume de Juliana, que me disse:

— Coitadinho, agora está tudo bem!
— Você vai morar lá com a gente?

Por um breve espaço de tempo, me perguntei se Cecília, a mulher que poderia ser a minha mãe, era igual a Juliana, mas de alguma maneira essa ideia se esfacelou no momento seguinte em que a prostituta acendeu outro cigarro, chegando perto e me beijando na boca. Ficou um pouco de fumaça em mim, o cheiro dela, talvez misturado ao de Vicente, que não costumava tomar banho direito.

— Daqui bem pouco tempo não vá se esquecer de mim, hein! — ela brincou
— Não me esqueço.
— É assim que se fala, chuchu.
— Tchau.
— Até mais, meu bem.

Eu não sabia como lidar com aquele tipo de situação, porque a única vez que eu tinha tido um contato íntimo daquele jeito havia sido em cima da mureta, dois anos atrás, com Júlia, mas não acontecera nada além de um leve roçar de lábios, algo tão inocente e único quanto a brisa de uma manhã. Contudo, eu começara a pensar se era verdade o que Vicente vivia grunhindo sobre minha mãe, pois lá no quartinho da cidade, onde tínhamos morado, não era raro ele sair à procura de mulheres como Juliana.

A verdade é que jamais terei essa resposta e agora desperto no frio da noite, nesse escritório onde escrevo, me questionando se eu deveria ter remoído minhas tristezas. É quando percebo que a época da inocência passou ligeira como o vento. Varreu as folhas mortas da saudade, as pétalas das flores e suas lembranças fugidias. Se eu não consegui escrever este livro do jeito que ele deveria ter sido escrito, me perdoem. Mas isto é para que alguns de meus personagens — d. Ângela, José Roberto, Luzia, seu Josias, Jorge Cavaco e Júlia — continuem a caminhar por essas ruas estreitas da imaginação, e no dia da morte do meu velho, eu a observá-lo dentro de um caixão barato e triste, possa derramar algumas lágrimas pelos infortúnios que passamos juntos e, enfim, chamá-lo de pai.

2023 © Numa Editora
2023 © Wesley Barbosa
Pode me chamar de Fernando

Edição
Adriana Maciel

Produção editorial
Jul

Projeto gráfico
Dupla Design

B238p   Barbosa, Wesley

Pode me chamar de Fernando / Wesley Barbosa.
Rio de Janeiro : Numa Editora, 2023.

108 p. ; 13cm x 18cm.

ISBN: 978-65-87249-95-7

1. Literatura brasileira. 2. Romance. I. Título.

2023-1273   CDD 869.89923
                                  CDU 821.134.3(81)-31

Elaborado por Odilio Hilario Moreira Junior - CRB-8/9949

Índice para catálogo sistemático:
1.Literatura brasileira : Romance 869.89923
2.Literatura brasileira : Romance 821.134.3(81)-31

contato@numaeditora.com
@numaeditora
numaeditora.com

Este livro foi composto em Maven Pro e impresso em papel Pólen Bold 90g, para a Numa Editora, em 2023.